Pe. José Marques Dias, C.Ss.R.

SENHOR,
AUMENTA A MINHA FÉ

31 encontros com Cristo

EDITORA
SANTUÁRIO

DIREÇÃO EDITORIAL:
Pe. Fábio Evaristo R. Silva, C.Ss.R.

CONSELHO EDITORIAL:
Cláudio Anselmo Santos, Silva, C.Ss.R.
Ferdinando Mancilio, C.Ss.R.
Gilberto Paiva, C.Ss.R.
José Uilson Inácio Soares Júnior, C.Ss.R.
Marcelo da Rosa Magalhães, C.Ss.R.
Victor Hugo Lapenta, C.Ss.R.

COORDENAÇÃO EDITORIAL:
Ana Lúcia de Castro Leite

COPIDESQUE:
Sofia Machado

DIAGRAMAÇÃO E CAPA:
Bruno Olivoto

ISBN 978-65-5527-002-0

A marca FSC® é a garantia de que a madeira utilizada na fabricação do papel deste livro provém de florestas que foram gerenciadas de maneira ambientalmente correta, socialmente justa e economicamente viável.

Este livro foi composto com as famílias tipográficas Adobe Garamond Pro, Caviar Dreams, Helvetica Neue e Libel Suit e impresso em papel Offset 75g/m² pela **Gráfica Santuário**.

1ª impressão

Todos os direitos reservados à **EDITORA SANTUÁRIO** – 2020

 Rua Pe. Claro Monteiro, 342 – 12570-000 – Aparecida-SP
Tel.: 12 3104-2000 – Televendas: 0800 - 16 00 04
www.editorasantuario.com.br
vendas@editorasantuario.com.br

# Apresentação de
Dom Orlando Brandes

Está em suas mãos, queridos leitores, mais um bom livro do Padre José Marques, cujo título é: "SENHOR, AUMENTA A MINHA FÉ".

Vivemos tempos de pluralismos e interrogações, confusões e questionamentos. Faz-se necessário conhecer e aprofundar nossa fé. Por outro lado, somos convocados a obedecer à fé da Igreja e ao Magistério.

O presente livro contém 31 "**Encontros com Cristo**" para facilitar o entendimento, a meditação e a oração dos leitores. Nosso autor oferece, em cada Encontro com Cristo, uma meditação sobre Mensagem da Palavra de Deus e a fé, uma catequese sobre as Bem-Aventuranças, os "novos Dez Mandamentos", como também, vários testemunhos e exemplos de cristãos fiéis e praticantes da fé. O objetivo é motivar a perseverança das pessoas na prática da fé e do amor.

As mensagens são simples e sábias. O estilo oracional e celebrativo facilita a participação. Os encontros podem ser feitos em nossas famílias e comunidades, em retiros, ou até, em grupos apostólicos e de evangelização, e podem servir na preparação dos trabalhos missionários de uma Paróquia ou Comunidade.

Você, leitor, tem em suas mãos um livro prático, didático, simples e profundo. Se você gostar e tirar proveito, divulgue-o para que outros possam desenvolver seus conhecimentos, sua fé, sua maturidade cristã.

Bom proveito, boa leitura.

Dom Orlando Brandes
Arcebispo de Aparecida

Apresentação do
Pe. Marlos Aurélio, C.Ss.R.

Nosso querido confrade, Pe. José Marques, está proporcionando a todos nós, por meio de seus escritos, um aprofundamento na vida de fé. Para toda pessoa humana esse tema refere-se a algo essencial de nossa vida, pois sem uma fé madura e bem enraizada não poderemos dar as razões de nossa esperança. Especialmente para os Missionários Redentoristas e todos que se associam a nossa Espiritualidade e Missão, a fé é o que nos move e que oxigena nosso corpo missionário. Portanto, aumentar a fé é crescer no dinamismo de intimidade com Deus que se dá a nós!

Embora a fé não se confunda com qualquer crendice, muito menos com qualquer superstição e não seja uma renúncia ao uso de nossa inteligência, ela é sempre despretensiosa e simples. Ao modo deste livreto, que também nos ajuda a viver a fé de forma descomplicada e muito prática. Acima de tudo nos apontando o quanto devemos conjugar bem a fé com nossa vida cotidiana. Afinal, é para isso que serve crer, ou seja, para que nossa existência tenha mais sentido e densidade humana. Quando temos fé, devemos enxergar a vida com "outras lentes", embora tendo de enfrentar as mesmas peripécias que outras pessoas. O que faz a diferença é o modo como encaramos a vida e como nos dispomos a enfrentar os desafios.

Enfim, que este material afervore ainda mais nossa vontade de crer no Deus Uno-Trino que Jesus, nosso Redentor, revelou-nos. Faço votos que, seja pessoalmente ou em grupos, possamos sempre proclamar as maravilhas de nossa fé! Pois, sabemos em quem colocamos toda a nossa esperança! Aproveite bem de cada letra e se deixe embalar pelas indicações do autor! Com sabor e sabedoria manifestemos o quanto é bom rezar e viver a fé!

Pe. Marlos Aurélio da Silva, C.Ss.R.
Superior Provincial da Província Redentorista de São Paulo

Abertura do autor

Este é o pedido que os Apóstolos fizeram a Jesus: *"Senhor, aumenta a minha fé!"*(Lc 17,5). Jesus repetiu aos discípulos em diversas ocasiões: **"Que pequena é vossa fé!"** (Mc 16,8; Lc 12,28). E eles não negaram, sabiam que Jesus tinha razão.

Por que aumentar a fé? Porque a fé, comparada à ***Porta ou à Luz***, é fundamental para *conhecermos e vivermos o amor e o plano do Pai*, revelado no amor total de Jesus.

Os Apóstolos veem Jesus entregue totalmente ao **Projeto de Deus; só pensa em fazer o bem; só vive para fazer a vida de todos mais digna e mais humana.** Mas será que eles poderão segui-lo até o fim?

A crise religiosa de nossos dias não respeita nem sequer **os praticantes**. Estamos não só em **uma época de grandes mudanças, mas em uma mudança de época.**

Encontramo-nos em um daqueles momentos em que as mudanças **transformam rapidamente o modo de viver, de se relacionar, de comunicar e elaborar o pensamento, de comunicar entre as gerações humanas e de compreender e viver a fé e a ciência.**

Nós falamos de crentes e não crentes como se fossem dois grupos bem definidos: uns têm fé, outros não. Na realidade, não é assim. Quase sempre, no coração humano, existe, ao mesmo tempo e alternadamente, **um crente e um não crente.**

Eu sou uma pessoa de muita ou de pouca fé?

Quem é Deus para mim? Eu o amo? É Deus quem dirige e é o centro de minha vida?

Distraídos por mil ocupações da vida e tantos celulares, já não conseguimos comunicar-nos com Deus. **Vivemos praticamente sem ele.**

O primeiro a se fazer é rezar, como aquele desconhecido que, um dia, se aproximou de Jesus e lhe disse: **"Creio, Senhor, mas vem em ajuda de minha incredulidade"** (Mc 9,24).

Outra coisa, **não temos de falar com Deus** como se Ele estivesse fora de nós. Temos de procurá-lo em **nosso coração**. Encontro

5

pessoal e profundo. Quando nos encontramos com esse Deus amor, que se revelou na pessoa de Jesus Cristo, consequentemente somos levados a **transformar nosso estilo de vida. Se um dia percebermos que não estamos só na vida**, se captarmos que somos amados por Deus sem merecê-lo, **tudo mudará.** Não importa que tenhamos sido fracos na fé.

Acreditar em Deus é, antes de tudo, **confiar no amor que Ele tem por você. Você já se sentiu amado e escolhido por Deus? Já sentiu Jesus presente em sua vida?**

O **"eu creio"** tem muitos compromissos. Os Apóstolos também sentiram a necessidade de aumentar a fé. Na realidade, **já não estamos mais em um regime de cristandade;** e a fé – especialmente na Europa – é, muitas vezes, **negada, depreciada, marginalizada e ridicularizada.** Por isso é, mais do que nunca, importante **aprofundar, fazer crescer e renovar o dom da fé** para "amar como Jesus amou, viver como Jesus viveu".

Aumentar a fé: A palavra **fé** é a Palavra que o Novo Testamento mais usa, em termos como "Fé, crer, acreditar, confiar". São mais de 330 citações. É bem mais usada que a palavra "caridade", centro da Nova Aliança.

Não foi isso que Jesus fez quando comparou a fé ao *tamanho de um grão de mostarda*? É a menor das sementes, entretanto é capaz de transportar montanhas.

Não sei se as montanhas de hoje são maiores ou menores que as do tempo de Jesus, mas o certo é que estamos fracos na fé ou as montanhas são realmente imensas. **No entanto, a fé é o fundamento da Igreja; e as principais lutas são o fortalecimento da** fé, a confiança **e a coragem.**

A fé cresce quando conheço melhor o que Jesus fez e ensinou, mas diminui quando me fecho a Jesus e procuro outros caminhos. Mudai, Senhor, meu coração para receber vossos dons, vossa misericórdia e vosso perdão. Posso confiar em vós, pois me amastes até a Cruz. Por isso vós sois "o Caminho, a verdade e a vida" (Jo 14,6).

Como aumentar a fé? Esse é um dos pedidos mais comuns que as pessoas fazem no trabalho missionário no Santuário Nacional de Aparecida. E esse pedido é feito tanto pelos jovens quanto pelos adultos.

A pergunta fundamental é: **Quem é Jesus para mim?**

A palavra do velho Simeão sobre Jesus continua sempre nos questionando: "Este será causa de **queda e reerguimento** para muitos em Israel. Ele será **um sinal de contradição**" (Lc 2,34). Por isso o grande Dostoiévski dizia: diante de Jesus ninguém pode ficar indiferente; todos têm que tomar decisão: **ou somos a favor ou contra; ou vamos amá-lo ou persegui-lo.**

Ora *ninguém ama o que não conhece.* Falando para os jovens, gostaria de ressaltar a importância **da boa leitura.** Apesar de tantas informações, o jovem precisa de segurança e clareza e, nem sempre, os pais e professores sabem orientar para boas leituras. A respeito do tema da Fé adulta, aconselho a leitura de dois livros da Editora Santuário, com temáticas diferentes: – "**Razão e FÉ**" e "**Deus no Século XXI**", de Augusto Pasquoto, professor aposentado do ITA de S. José dos Campos. Conhecer Jesus para amá-lo e amá-lo para torná-lo mais conhecido. Eis "o caminho da fé".

Este Livro é para nos *ajudar a conhecer o amor de Jesus.* Nestes "*31 Encontros Com Cristo*" vamos conhecer os textos principais sobre a fé, no Novo Testamento e aprofundar na "**Mensagem**"; depois, teremos *algumas catequeses* sobre temas importantes, como as "**Bem--aventuranças**", sobre o "Novo modo de **atualizar os Dez Mandamentos**" e conheceremos **alguns exemplos,** que sempre nos motivam, pois o exemplo arrasta.

Leiamos bem devagar para aproveitarmos bem da Mensagem da Palavra de Deus. Será em forma de celebração para que todos possam participar e colaborar. Podemos usá-lo em forma de Novena, conforme o índice.

O Tema da fé é oferecido e pedido, também, para a meditação mensal dos Redentoristas – irmãos e padres – no mês de janeiro, o 1º mês do ano, tal sua importância. **No final do livro** coloquei um Resumo da Espiritualidade Redentorista, o que ajudará, tanto a nós Redentoristas, como nossos seminaristas e ex-seminaristas, a aprofundar os caminhos **de nossa Espiritualidade.**

Estas Celebrações ou **Encontros com Cristo** poderão ser feitas **a sós;** mas será melhor ainda **se as fizermos em nossas famílias ou em grupos e em comunidade.** Dar solidez, autenticidade e aprofundar a fé são sempre necessários e muito importantes.

Estes **Encontros Com Cristo** podem ser rezados e meditados, em qualquer época do ano.

Depois de celebrar estes 31 **Encontros com Cristo** me diga se sua FÉ aumentou ou ficou igual. Tenho absoluta certeza de que você melhorará sua FÉ! Uma coisa eu sei: **Jesus o ama mais.**

Obrigado, D. Orlando Brandes, Arcebispo de Aparecida. Obrigado, Pe. Marlos, nosso Provincial, por vossas palavras de incentivo e iluminação. Deus lhes pague.

Bom proveito!

Pe. José Marques Dias
Missionário Redentorista

Celebração para todos os dias

(Preparemos uma mesa e um Crucifixo.
1 vela para cada um – Bacia com água)

Todos sejam bem-vindos.

Vamos acender a **vela**, sinal da Luz de Cristo no meio de nós.

T- Iniciamos - Em nome do Pai, do Filho e do Espírito Santo. Amém.

1 – T – *Vinde, Espírito Santo*, enchei os corações dos vossos fiéis/ e acendei neles o fogo do vosso amor. Enviai o vosso Espírito, e tudo será criado/ e renovareis a face da terra.

Oremos: Ó Deus, que instruístes os corações dos vossos fiéis com a luz do Espírito Santo/ fazei que apreciemos retamente todas as coisas, segundo o mesmo Espírito, e gozemos sempre de sua consolação. Por Cristo, Senhor nosso. Amém.

D – **O Sacramento do Batismo** é representado **pela água e pela Luz.** A água *limpa* e a Luz *ilumina*. **O Círio pascal** (Vela grande da Páscoa) é sinal do **Cristo Ressuscitado,** *verdadeira Luz do mundo*.

O Batismo está muito ligado **ao Credo,** *que renovamos* no batismo. O Credo é um **admirável "Resumo da fé cristã".**
Acendemos todas as nossas velas para rezar o Credo.

2 – T - Rezamos juntos:
Creio em Deus, Pai todo-poderoso,/ Criador do céu e da terra./ E em Jesus Cristo,/ seu Filho unigênito, nosso Senhor,/ que foi concebido pelo Espírito Santo, /nasceu da Virgem Maria,/ padeceu sob Pôncio Pilatos, foi crucificado, morto e sepultado,/ desceu à mansão dos mortos;/ ressuscitou ao terceiro dia, subiu aos céus; / está sentado à direita de Deus Pai, todo-poderoso,/ donde há de vir a

9

julgar os vivos e os mortos. Creio no Espírito Santo,/ na Santa Igreja católica,/ na comunhão dos santos,/ na remissão dos pecados,/ na ressurreição da carne;/ na vida eterna. Amém.

(Podemos apagar as nossas velas)

3 – Agora as Leituras da *Mensagem e da Catequese.* **Veja cada dia. (Sentados)**

4 – Pergunta: O que as leituras de hoje nos ensinam? 3 minutos (3 – falam cada dia).

5 – Músicas: p. 61

6 – Final: *ORAÇÃO pedindo a FÉ e Renovação do Batismo.*

Senhor Jesus, hoje,/ vos fazemos o mesmo pedido dos Apóstolos:/ "**Senhor, aumenta a minha fé**".

Dai-me o dom da fé/ que mude meu coração para aceitar a vida/ que o Pai me oferece cada dia./ Aumentai minha confiança/ em seu poder e sua misericórdia./ Mudai meu coração /e aumentai minha fidelidade/ para que nada me separe de vós./ Senhor tem hora que falta clareza / para saber por onde e para onde me levais;/ mas eu confio em vós./ Acredito em vossa palavra,/ apesar de ter muitas coisas/ que não consigo entender agora;/ espero que um dia/ as coisas fiquem mais claras.

Senhor, aumentai minha fé'/ para que eu saiba resistir/ às tentações que querem me afastar de vós. AMÉM.

Renovação do **Batismo:**

7 – O Batismo é também chamado "***A Porta da FÉ***" (At 14,27), pois nos introduz na vida de comunhão com Deus e é também a entrada na Igreja de Jesus. Somos Filhos de Deus, somos irmãos.
Cada um se benze com a água e diz:
"**Eu renovo meu batismo, em nome do Pai, do Filho e do Espírito Santo**". Amém.

Pai-nosso: Somos Filhos de Deus, por isso rezamos: Pai nosso, que estais no céu...

Cantamos: Abençoa, Senhor, as famílias, amém/ Abençoa, Senhor, sua casa também (bis).

Avisos:
1– Amanhã será na casa de_____.
Cada um procure trazer mais 1.
2 – Alguma sugestão para melhorar a celebração?

Canto final: Dai-nos a bênção, ó Mãe querida...

"EU sou a LUZ DO MUNDO, quem me segue..." (Jo 8,12)

1º Dia
Vitória da Fé - "Pobres em espírito"

– **Mensagem:** *"A vitória que vence o mundo é nossa FÉ"* (1Jo 5,4).

"Ninguém pode vir a mim, se isto não lhe for concedido pelo Pai" (Jo 6,65). Ir até Jesus, encontrar Jesus, conhecer Jesus, é o presente do Pai a todos nós.

Nascemos de Deus. "Cristo – Deus e Homem – me amou e se entregou por mim" (Gl 2,20). Jesus é o único Redentor da Humanidade. Dependemos totalmente dele.

(Podemos cantar)
Creio, Senhor, mas aumentai minha fé. Meditemos...

– **Catequese:** A 1ª bem-aventurança: **"Bem-aventurados os pobres em espírito, porque deles é o Reino dos Céus".**
– Jesus se volta aos **pobres em espírito**. Ela é para os humildes, para os pequenos. São felizes aqueles que se apresentam diante de Deus com as mãos vazias, porque renunciaram as atitudes orgulhosas. **"Os pobres em espírito"** são os que *"as riquezas não nos garantem nada"*.

E é mais **"quando o coração é rico,** está tão satisfeito consigo mesmo**, que não tem lugar para a Palavra de Deus"**.

Como Jesus ensina: a felicidade não está neste mundo; mas ainda tem muita gente buscando a felicidade no que é passageiro. **Não há lugar no Reino dos Céus para quem não for pobre de espírito.**

– **Música:** Se as águas do mar da vida... p. 62.

2º Dia
Ir ao Pai – Aflitos consolados

– **Mensagem:** *"Ninguém vai ao Pai se não por mim"* (Jo 14,6).

"Só tu tens Palavras de vida eterna, e nós cremos" (Jo 6,68). Colocar Jesus no centro de nossa vida.

O mais importante da Fé é **acolher Jesus Cristo, como Senhor e Salvador** (Jo 14,6), pois ele Morreu e Ressuscitou por nós e está presente no meio de nós. Conhecer sua Palavra.

(Podemos cantar)
Creio, Senhor, mas aumentai minha fé. Meditemos...

– **Catequese:** A 2ª bem-aventurança: "Bem-aventurados os aflitos, porque serão consolados".

Jesus fala aos **aflitos**, os **que choram, porque "serão consolados"**.
Nosso mundo sugere que "**a alegria, a felicidade, a diversão**" sejam a beleza da vida. Jesus ensina que a bem-aventurança e a verdadeira felicidade é daqueles que vivem a **aflição dos outros e lutam pela justiça**.
O humilde que passa pela aflição, confia em Deus. Somente quem é humilde, mesmo na aflição, deixa-se consolar pelo Senhor e nele confia.

– **Música:** Eu confio em Nosso Senhor... p. 62.

3º Dia
O Justo vive da fé – Os Mansos

– **Mensagem:** *"O Justo vive da Fé"* (Rm 1,17).

A fé é fonte de vida e de Salvação. Encontrar Jesus e deixar-se encontrar por ele. A fé dá sentido a toda a nossa vida; nem os problemas nos devem amedrontar. Ele está conosco.

A Vida dele, suas opções, seu exemplo de amor e de entrega são **nosso Modelo**. **"Amar como Jesus amou, viver como Jesus viveu."**

(Podemos cantar)
Creio, Senhor, mas aumentai minha fé. Meditemos...

– **Catequese:** A 3ª bem-aventurança: **"Bem-aventurados os mansos, porque possuirão a terra"**.
Jesus fala **da mansidão**. O papa Francisco diz: **"Nada de guerras, nada de ódio, paz, mansidão"**. Só os Mansos "terão como herança a Terra".

É verdade que se eu sou humilde na vida, os outros poderão pensar que eu sou um tolo; mas não resolve, "que pensem o que quiser", a recompensa será maior, pois é alguém que não tem o próprio ego como centro.

Somente aquele que é manso e se deixa conduzir por Deus, ele conduzirá em seu querer. **A mansidão é o segredo da santidade.**

– **Música:** Um dia uma criança... p. 61.

Pe. José Marques Dias, C.Ss.R.

4º Dia
Bom Pastor – Fome e sede de Justiça

– **Mensagem:** *"Eu vim para que todos tenham Vida, e a tenham em abundância"* (Jo 10,10).

"Eu sou o Bom Pastor" (Jo 10,10). O Bom Pastor dá a vida por suas ovelhas; o Bom pastor defende do mal suas ovelhas.

"Ter fé não é só crer em Deus, mas **aceitar e acolher seu Projeto de amor.**"

E o projeto de Deus é a libertação integral de todas as pessoas e criação de um mundo melhor para todos (Tg 2,18).

(Podemos cantar)
Creio, Senhor, mas aumentai minha fé. Meditemos...

– **Catequese:** A 4ª bem-aventurança: **"Bem-aventurados os que têm fome e sede de justiça, porque serão saciados".**

Jesus, mesmo neste caso, ensina o contrário. Precisamos ter "**fome e sede de justiça**", e **lutar contra todas as injustiças,** e estar ao lado dos perseguidos, simplesmente por terem lutado **pela justiça no mundo.**

Hoje, vivemos em um mundo que segue a política do "é dando que se recebe" e que "tudo é questão de negócio".

Quanta gente sofre por essas injustiças, pois **"é muito mais fácil entrar nas rachaduras da corrupção!"**, exclama o papa Francisco.

Essa bem-aventurança é para aquele que está sempre sedento da vontade divina e se angustia quando ficamos longe da vontade do Pai.

Somente o sedento da vontade de Deus será saciado no Reino dos Céus. O Reino dos Céus é para os sedentos e famintos da vontade do Senhor.

– **Música**: Vós sois o Caminho... p. 61.

5º Dia
Fé e as Obras – Os Misericordiosos

– Mensagem: *"Fé sem obras é morta"* (Tg 2,17).

"Ninguém tem maior amor que dar a vida pelos seus amigos" (Jo 15,13).

Fé é compromisso. A Fé nos compromete a sermos solidários e a lutar contra a miséria e a injustiça. Fé e Caridade são duas faces da mesma moeda. **A caridade nasce da fé e é a demonstração da fé.** Não há fé sem amor, nem amor sem fé.

(Podemos cantar)
Creio, Senhor, mas aumentai minha fé. Meditemos...

– Catequese: A 5ª bem-aventurança: "Bem-aventurados os misericordiosos, porque alcançarão misericórdia".

As bem-aventuranças partem da humildade, para chegar à misericórdia. Todos **"aqueles que perdoam, compreendem os erros dos outros"**; e não *"aqueles que se vingam"*.

"Todos nós, ensina o papa Francisco, somos um exército de perdoados!" Todos nós fomos perdoados. Devemos aprender a perdoar. Por isso é bem-aventurado aquele que vai pelo caminho do perdão.

São aqueles que liberam em seu coração o perdão que reconcilia; não têm divisões interiores, porque, em seus corações, reina a misericórdia do Pai. Se não reinar a misericórdia, você não será feliz.

– Música: Tu és, Senhor, meu Pastor... p. 63.

6º Dia
Fé e Luz – Puros de coração

– **Mensagem:** *"Vós sois a Luz do mundo"* (Mt 5,14).

"Brilhe vossa Luz diante dos homens" (Mt 5 16).

"Que vos ameis uns aos outros, assim como eu vos amei!" (Jo 15,12)

A fé é como uma luz que ilumina e aquece a vida. Ver bem o caminho, vivê-lo com alegria e união, animar a vida pessoal e da comunidade. A fé se comunica pela atração e pelo exemplo.

Infelizmente, a luz da fé pode se apagar pelo **pecado e pelos escândalos** (Lc 17,2).

(Podemos cantar)
Creio, Senhor, mas aumentai minha fé. Meditemos...

– **Catequese:** A 6ª bem-aventurança: *"Bem-aventurados os puros de coração, porque verão a Deus"*.

Jesus fala aos **puros de coração**: Os que trazem essa pureza são declarados bem-aventurados por Jesus. Com que você tem alimentado seu coração?

"Os puros de coração" são os que têm um **coração simples, puro, sem sujeiras, sem vingança, um coração que sabe amar com aquela pureza tão bela...**

Você tem buscado aquilo que é puro e verdadeiro? Caso contrário, seu coração se tornará impuro também. No Reino de Deus há lugar somente para os corações puros.

– **Música:** Um dia uma criança... p. 61.

Pe. José Marques Dias, C.Ss.R.

7º Dia
Fortalecer a fé – Promover a Paz

– **Mensagem:** *"Aonde iremos, Senhor, só tu tens Palavras de vida eterna"* (Jo 6,68).

"Minha carne é verdadeira comida e meu sangue é verdadeira bebida; Quem se alimenta com minha carne e bebe meu sangue permanece em mim e eu nele" (Jo 6,55,56).

A fé se fortalece pela meditação da Palavra de Deus, pela oração, pelas boas obras, pela participação da Comunidade, especialmente na Eucaristia.

E o papa Francisco nos lembrou de que a **Comunhão** não é um **prêmio** para os perfeitos, mas **alimento** para os fracos e **remédio** para os enfermos; atualizando a oração, que o padre reza na missa antes da comunhão.

Peçamos ao Senhor que nos **faça crescer nesta fé,** que nos torna fortes, alegres; nesta fé que começa sempre **no encontro com Jesus** e que continua sempre na vida **com os pequenos encontros diários com Jesus.**

(Podemos cantar)
Creio, Senhor, mas aumentai minha fé. Meditemos...

– **Catequese:** A 7ª bem-aventurança: "Bem-aventurados os que promovem a paz, porque serão chamados filhos de Deus".

Jesus se congratula com os que semeiam a paz, com os que promovem a reconciliação.

A alegria do Pai se revela na face, na palavra e nos gestos dessas pessoas. São **pacificadores** os que são "contracorrentes"; porque é muito normal entre nós que haja agentes de guerras ou agentes de mal-entendidos! E podemos acrescentar: quando escuto algo de alguém e vou contar para outro incluindo algo a mais, criamos o **mundo das fofocas**.

As pessoas que fofocam não criam paz, são inimigos da paz. Não são bem-aventurados. Você faz bem para os outros? As pessoas têm alegria em conviver com você?

– **Música**: Segura na mão de Deus... p. 62.

8º Dia
Jesus Ressuscitou – Perseguição

– **Mensagem:** *"Eu sou a Ressurreição e a Vida"* (Jo 11,25).

"Se Cristo não ressuscitou, não há ressurreição dos mortos" e *"ainda estais em vossos pecados"* (1Cor 15,13.17).

A Ressurreição de Jesus é o centro da fé cristã. Se o Cristo tivesse morrido por nós, mas não tivesse Ressuscitado, poderia tudo ser mentira. Mas Jesus ressuscitou e apareceu a muitas pessoas.

São Paulo diz que Jesus *apareceu a mais de 500 irmãos nossos* (1Cor 15,6).

Só Jesus ressuscitado é o Senhor (Fl 2,11); o Cristo Ressuscitado. Pela ressurreição é que Jesus dá a verdadeira alegria. **Quem encontra Jesus encontra a verdadeira alegria e a paz; não como a paz do mundo, mas como só ele a dá.**

(Podemos cantar)
"Creio, Senhor, mas aumentai minha fé." Meditemos...

– **Catequese:** A 8ª bem-aventurança: "Bem-aventurados os que são perseguidos por causa da justiça, porque deles é o Reino dos Céus".

Jesus fala para **os perseguidos**: são felizes os que são perseguidos por causa da justiça. Não é uma perseguição por qualquer coisa, mas por causa da fidelidade à Palavra de Deus.

Por isso que os últimos Papas têm insistido que a luta pela *justiça e o cuidar dos pobres* é obrigação proposta pelo Evangelho e não modismo social; pois Jesus *"de rico que era tornou-se pobre por causa de vós, para que vos torneis ricos, por sua pobreza"* (2Cor 8,9).

As demais bem-aventuranças precisam reinar em nosso coração para que, na perseguição, nós tenhamos força e coragem.

– **Música:** Vós sois o Caminho... p. 61.

9º Dia
Nossa Ressurreição – Falar Mal e Mentiras

– **Mensagem:** "Cristo Ressuscitou dos mortos" e "depois os que pertencem a Cristo" (1Cor 15,20.23s).

"Se temos esperança em Cristo somente para esta vida, somos os mais dignos de compaixão" (1Cor 15,19).

"Na casa de meu Pai há muitas moradas... Vou preparar um lugar para vós" (Jo 14,2).

Isto é o mais importante de nossa fé: "Se Deus existe, também sou imortal", afirma Dostoiévski.

(Podemos cantar)
Creio, Senhor, mas aumentai minha fé. Meditemos...

– **Catequese:** Na 9ª bem-aventurança, "**Bem-aventurados sois vós, quando vos injuriarem e perseguirem, e, mentindo, disserem todo tipo de mal contra vós por causa de mim. Alegrai-vos e exultai, porque será grande vossa recompensa nos céus**".

Jesus se dirige aos discípulos: É a bem-aventurança do discípulo que sofre pela verdade. Aqui Jesus é a causa da perseguição e também a fonte da salvação. Se você sofre por ser cristão, não fique envergonhado. Somente uma vivência de fé coerente suportará a tribulação.

Essa última bem-aventurança é do discípulo que segue seu Senhor; e não de quem segue a si mesmo. Jesus fala do discípulo que segue a Deus por aquilo que ele é, não simplesmente por causa da recompensa.

– **Música:** Se as águas do mar da vida... p. 62.

10º Dia
Aumentar a fé – Deus é Único

– **Mensagem:** *"Creio, Senhor, mas aumentai minha fé"* (Lc 17,5).

"Mas quando o Filho do Homem voltar vai encontrar fé sobre a terra?" (Lc 18,8)

"Eu estarei convosco todos os dias até o fim dos tempos" (Mt 28,20*).*

Podemos confiar, **pois Jesus é Senhor da História** (Ap 22,27). São muitas as dificuldades que querem atrapalhar nossa vivência da fé. Não vivemos mais em um regime de cristandade, mas há muitos que ridicularizam da fé cristã, sobretudo nos meios de comunicação social.

Firmar a fé na Palavra do Senhor, buscarmos o apoio da Comunidade e da sagrada Comunhão são meios sempre fundamentais. Por isso rezemos:

(Podemos cantar)
Creio, Senhor, mas aumentai minha fé. Meditemos...

– **Catequese:** "Novos Dez Mandamentos*":

Iº – "Deus é Único. Não coloque nenhum ser humano em seu lugar".
Não permita, jamais, que nada e ninguém seja "deus" em sua vida, capaz de condicionar e conduzir sua existência. Você correria o risco de voltar à escravidão, da qual Jesus o libertou.

– **Música:** Vós sois o Caminho... p. 61.

• "Novos dez Mandamentos é um texto do Pe J. Ulysses da Silva, em Almanaque de Aparecida, 2020, p. 88.

Pe. José Marques Dias, C.Ss.R.

11º Dia
Eucaristia é centro – Deus é de todos

– **Mensagem:** *"Fazei isto em memória de Mim"* (1Cor 11,24).

"Vós, todos juntos, sois o Corpo de Cristo e, individualmente, sois membros desse corpo" (1Cor 12,27).

"**A Eucaristia é mistério** (centro) **de nossa fé**", rezamos na Missa. **A Eucaristia alimenta** e fortalece a **fé pessoal e da Comunidade**. Perder a Eucaristia (Missa) é você e a Comunidade que perdem. Você deixou de crescer e se alimentar. A vida e o amor ficam mais fracos. Se você não pode ir à missa de domingo, vá, pelo menos, durante a semana.

(Podemos cantar)
Creio, Senhor, mas aumentai minha fé. Meditemos...

– **Catequese: Novos Dez Mandamentos:**

2º **"Deus é de uma vastidão que tudo abrange. Não o reparta em pedaços."**

Deus é de todos e para tudo. Não o faça tomar partido de um lado contra o outro. Ele é como a luz do sol, que brilha para todos, bons e maus.

– **Música:** Segura na mão de Deus... p. 62.

12º Dia
Fé é Presente – Deus está perto

– **Mensagem:** *"Ninguém vai ao Pai se não por mim"* (Jo 14,6).

"Eu sou o Caminho a verdade e a Vida" (Jo 14,6).

A FÉ é um dom de Deus recebido no Batismo e não uma conquista do homem (Jo 9,31).

Deus vai nos cobrar desse dom, pois outros dependem de minha corresponsabilidade. Saber viver agradecido e corresponder é nossa missão. Deus quis precisar de nossa colaboração, como ontem precisou dos apóstolos. Hoje, é nossa vez...

(Podemos cantar)
Creio, Senhor, mas aumentai minha fé. Meditemos...

– **Catequese:** Novos Dez Mandamentos:

3º **"Deus está perto de você. Procure escutá-lo e dar-lhe sua resposta."**

O Deus de Jesus ouve, vê, fala. É preciso dar-lhe espaço dentro de si, para ouvi-lo e responder-lhe. Antes de qualquer culto, entre em seu quarto interior e converse com Ele.

– **Música:** Vós sois o Caminho... p. 61.

13º Dia
Abrão, Pai da Fé – A Comunidade

– **Mensagem:** *"Abraão é o Pai da fé"* (começou a crer em um só Deus) (Rm 4,16).

"Aquele que se aproxima de Deus **deve crer que Ele existe e que recompensa** *os que o procuram"* (Hb 11,6).

Não estamos sós. Muita gente já nos precedeu na caminhada da fé. É toda a história do Antigo Testamento e até de toda a história da Humanidade. Em toda a vida humana há a busca de Deus e do sentido da vida.

Ler a história de Abrão em Gn de 12 a 25, quando de sua morte, temos lindas mensagem de fé, de coragem e de fidelidade.

(Podemos cantar)
Creio, Senhor, mas aumentai minha fé. Meditemos...

– **Catequese: Novos Dez Mandamentos:**

4º **"Você não vive sozinho. Existe uma comunidade que o apoia. Trabalhe com ela em favor das pessoas."**

A comunidade é a família de Jesus, na qual o outro é seu irmão e sua irmã, que você deve respeitar e jamais desconhecer. Para formar a Comunidade, Jesus chamou os apóstolos e sobre eles Jesus enviou o Espírito Santo, para que, com Maria e com coragem pudessem anunciar o Reino de Deus; pois Jesus estaria com eles até o fim dos tempos.

– **Música:** Segura na mão de Deus... p. 62.

14º Dia
Encarnação de Jesus – Vida é dom

– **Mensagem:** *"Jesus sendo Deus se fez Homem; e o mais humilde dos homens"* (Fl 2,6 ss).

"Tendo amado os seus que estavam no mundo, amou-os até o fim" (Jo 13,1).

Jesus é o maior presente do Pai aos homens. Ele veio para mostrar aos homens que há um caminho de paz e felicidade. Nasceu na pobreza e na simplicidade.

Jesus é igual aos homens em tudo, menos no pecado. Ninguém amou como Jesus. Precisou de sua família, Maria e José, como todos nós precisamos. Ninguém pode ser feliz sozinho.

(Podemos cantar)
Creio, Senhor, mas aumentai minha fé. Meditemos...

– **Catequese: Novos Dez Mandamentos:**

5º **"Deus é o doador da Vida. Portanto, ajude todas as pessoas e toda a Criação a viver."**

Não basta não matar. É preciso ajudar a viver, até mesmo, os inimigos. Não lhe compete julgar nem condenar ninguém. Como Deus, seja um promotor da vida, do corpo, da alma e do espírito.

–**Música:** Tu és, Senhor, o meu Pastor... p. 63.

15º Dia
Jesus veio Salvar – Amor é respeito

– **Mensagem:** "*Jesus veio para salvar e não para condenar*" (Jo 3,16).

"**Pai, perdoai-lhes**: *eles não sabem o que fazem*" (Lc 23,34).

"*Hoje estarás* **comigo no Paraíso**", falou ao bom ladrão (Lc 23,43).

Missão maravilhosa de amor e de perdão. Amar como Jesus amou. Perdoar como Jesus perdoou. Todos têm um lugar no Coração de Jesus.

Só Deus pode nos julgar. É fato que todos erramos e somos pecadores. Mas para todos há a chance de perdão e de vida; pois Jesus deu sua vida pela salvação de todos.

(Podemos cantar)
Creio, Senhor, mas aumentai minha fé. Meditemos...

– **Catequese: Novos Dez Mandamentos:**

6º "**Se Deus lhe der uma pessoa a quem você possa amar, trate-a com respeito. Faça-se confiável. Ajude-a a se tornar uma pessoa livre, tal como Deus deseja.**"

Onde existe amor, não há submissão nem domínio do outro.

Há liberdade e igualdade. Por isso a Família é o maior lugar de amor e união, diálogo e compreensão. Preparar bem o casamento é colocar um alicerce profundo.

– **Música:** Eu confio em Nosso Senhor... p. 62.

16º Dia
Maria é feliz, Acreditou – Deus é doador

– **Mensagem:** *"Na plenitude dos tempos, Deus mandou seu Filho nascido de mulher, para salvar"* (Gl 4,4).

"Você é feliz porque você acreditou" (Lc 1,45).

"Mulher, eis o teu filho; eis a tua mãe" (Jo 19,27).

A Missão de Maria não foi fácil. Na profecia de Simeão são profundas suas palavras: Jesus "será causa de queda e reerguimento para muitos em Israel. Ele será um sinal de contradição. A ti uma espada te traspassará a alma" (Lc 2,34 s).

As sete dores de Maria revelam sua fé e sua coragem. E a missão das mães, hoje, será muito diferente?

**(Podemos cantar)
Creio, Senhor, mas aumentai minha fé. Meditemos...**

– **Catequese: Novos Dez Mandamentos:**

7º **"Deus é Aquele que dá. Portanto, não queira agarrar tudo pra si."**

Nenhuma propriedade é absoluta Assemelha-se a Deus quem dá e partilha, e não queira amontoar. A maior tentação do mundo é a ganância e o apego das coisas importantes, mas de pouco valor diante de Deus.

– **Música:** Eis-me aqui, Senhor... p. 62.

Pe. José Marques Dias, C.Ss.R.

17º Dia
Filhos e Herdeiros – Ser Verdadeiro

– **Mensagem:** *"De modo que já não és escravo, mas filho. E se és Filho és também herdeiro, graças a Deus"* (Gl 4,7).

"Herdeiros de Deus e coerdeiros de Cristo, pois sofremos com Ele para também com Ele sermos glorificados" (Rm 8,17).

É linda a Esperança cristã. Mas seguir Jesus nunca foi fácil. Recordamos o exemplo dos primeiros cristãos. Quantos martirizados. Falamos em milhões, só no Império Romano há várias perseguições. Agora, na modernidade, as mesmas perseguições existem em vários pontos do mundo: especialmente na Ásia, África e mesmo em nossa pátria.

A esperança cristã não nos decepciona. Nosso coração têm que estar firme no Senhor...

(Podemos cantar)
Creio, Senhor, mas aumentai minha fé. Meditemos...

– **Catequese: Novos Dez Mandamentos:**

8º –**"A verdade de Deus quer chegar às pessoas por meio de você. Então, seja para o outro um Cristo ao mesmo tempo, verdadeiro e misericordioso."**

A mentira engana e divide os seres humanos. A verdade liberta e alimenta o amor. Jesus veio para dar testemunho da verdade.

Conjugue sempre a verdade com a misericórdia; elas não podem ficar separadas.

– **Música:** Tu és, Senhor, o meu Pastor... p. 63.

18º Dia
Uma só Fé – O Reino está próximo

– **Mensagem:** *"Há um só Senhor, uma só fé, um só batismo"* (Ef 4,5).

"Há diversidade de dons, mas o Espírito é o mesmo. Há diversidade de ministérios, mas o Senhor é o mesmo. A cada um é dado a manifestação do Espírito, em vista do bem de todos (1Cor 12,4-7).

"Embora sendo muitos, formamos um só Corpo" (1Cor 12,12).

A Vida de comunidade nunca foi fácil. Jesus teve dificuldade com seus 12 Apóstolos. As dificuldades narradas nos Atos dos apóstolos são verdadeiras.

A união desejada por Jesus em Jo 17,21 *"que todos sejam um, como tu Pai, estás em mim e eu em ti. Que eles estejam em nós a fim de que o mundo creia que tu me enviaste"*. Continua um sonho e um desafio. Aliás, é um grande contratestemunho a divisão entre os cristãos. E qual é o maior motivo da separação? Parece ser o econômico. Por isso a luta ecumênica é tão importante! Só Jesus é que pode manter a comunidade unida pela força do Espírito Santo.

(Podemos cantar)
Creio, Senhor, mas aumentai minha fé. Meditemos...

– **Catequese: Novos Dez Mandamentos:**

9º **"O reino de Deus está próximo. Que seu modo de agir seja um anúncio desse Reino."**

Quando você assume a ética de Jesus, você manifesta a justiça do Reino. E é preciso amar a todos, também aos inimigos, porque só o amor faz viver, só o amor terá futuro.

– **Música:** Vós sois o Caminho... p. 61.

19º Dia
Viva a Fé – Confie

– **Mensagem:** "*O Justo vive da Fé*" (Gl 3,11).

"*De tal modo Deus amou o mundo que lhe entregou seu Filho Unigênito, a fim de que todo aquele que nele crer não pereça, mas tenha a vida eterna*" (Jo 3,16).

"*Tendo amados os seus que estavam no mundo, amo-os até o fim*" (Jo 13,1).

"*Conhecer a Jesus pela fé* é nossa alegria; *segui-lo é uma graça e transmitir este tesouro aos demais* é uma tarefa que *o Senhor nos confiou* (DA. 18).

É de uma clareza imensa a afirmação do Evangelista S. João no capítulo 13,1. Tendo amado – a vida de Jesus foi só feita de amor – Jesus amou-os até o fim, até a morte na Cruz. E a cruz era o maior tormento da humanidade de então.

E qual é o mais central da fé Cristã? É o amor de Cristo derramado até a última gota de sangue; amor até o fim.

Em Gálatas, 2,20, Paulo nos lembra: "*Cristo me amou e se entregou por mim*". Podemos ter alguma dúvida? Parece que não.

Mas não pode esquecer que ninguém ama o que não conhece. Desconhecer o Evangelho é desconhecer Jesus e o que ele veio fazer pela salvação de todos.

(Podemos cantar)
Creio, Senhor, mas aumentai minha fé. Meditemos...

– **Catequese:** Novos Dez Mandamentos:
10º **"Deus sabe e conhece. Portanto, confie e não se preocupe!"**

Jesus diz que suas preocupações não alongarão sua vida nem por um minuto. Tudo é graça e nem sempre resultado de seus esforços. Ele veio para aliviar e não para sobrecarregar, porque seu jugo é suave e sua carga é leve.

– **Música:** Um dia uma criança me parou... p. 61.

20º Dia
A Fé agrada a Deus – Maria é Exemplo de fé

— **Mensagem:** *"Sem a fé é impossível agradar a Deus; pois quem dele se aproxima deve crer que ele existe e recompensa os que o procuram"* (Hb 11,6).

"Quem dentre vós não tiver pecado, atire a primeira pedra" (Jo 8,7).
"Farei de vocês pescadores de homens" (Lc 5,10).

Apesar de sermos pecadores e fracos, Deus precisa de cada um de nós. E cada um tem uma missão diferente: uma coisa é o pai, outra a mãe e outra coisa são os filhos. Uma coisa é o pároco outra o bispo. Uma coisa é o coordenador outra é o membro da comunidade.

Todos temos nossas falhas e limitações. Perfeito só o Senhor. Todos dependemos de Cristo e somos seus colaboradores. Precisamos do perdão de Deus e da comunidade. Quanto mais santos formos, melhores instrumentos podemos ser de Deus e da Comunidade.

Ninguém ama o que não conhece. Conhecer Jesus para amá-lo e amá-lo para torná-lo mais conhecido. (DA18).

(Podemos cantar)
Creio, Senhor, mas aumentai minha fé. Meditemos.

— **Catequese: Exemplo de fé, Maria:** *

Acolheu a palavra do Anjo e acreditou no anúncio de que seria Mãe de Deus na obediência de sua dedicação (Lc 1,38).

Ao visitar Isabel, elevou seu cântico de louvor ao Altíssimo pelas maravilhas que realizava em quantos a Ele se confiavam (Lc 1,46-55).

Com alegria e trepidação, deu à luz seu Filho unigênito, mantendo intacta sua virgindade (Lc 2,6-7).

– **Música:** Segura na máo de Deus... p. 62.

* Exemplos de fé, tirados da Carta "Porta Fidei", n. 13 do papa Bento XVI.

DEPRESSÃO!
MEDO!
ANGÚSTIA!

Conheça "SENHOR, AUMENTA MINHA FÉ."

- "Jesus o ama muito e pode curá-lo!"
- Alguém precisa de você!
- Hoje vai ser diferente e tudo pode ser melhor!
- Você não está só! Só o amor constrói.
- Você precisa de ajuda médica e melhorar o sono.
- Deus não se esqueceu de você!
- E a Mãe não abandona seus filhos! CONFIE, CREIA!

21º Dia
Fé, possuir o que se espera – Maria, Exemplo de fé

– **Mensagem:** *"A Fé é um modo de possuir o que se espera e conhecer o que não se vê"* (Hb 11,1).

"Todos estes morreram firmes na fé" (Hb 11,13).

"Não haverá mais noite: não se precisará mais da luz da lâmpada, nem da luz do sol, porque o Senhor Deus vai brilhar sobre eles e eles reinarão para toda a eternidade" (Ap 22,5).

Nessa passagem de Hebreus 11 e seguintes temos exemplos bonitos para nossa fé, começando desde Abraão (Hb 11,1 ss). Podem ler e aprofundar. Assim nossa fé crescerá e a esperança se iluminará.

(Podemos cantar)
Creio, Senhor, mas aumentai minha fé. Meditemos...

– **Catequese: Exemplo de fé, Maria:**

Confiando em José, seu Esposo, levou **Jesus para o Egito** a fim de o salvar da perseguição de Herodes (Mt 2,13-15).

Com a mesma fé, seguiu o Senhor em sua pregação e permaneceu a seu lado mesmo no Gólgota (Jo 19,25-27).

Com fé, Maria saboreou os frutos da ressurreição de Jesus e, conservando no coração a memória de tudo (Lc 2,19.51), *transmitiu-a aos Doze reunidos com Ela no Cenáculo para receberem o Espírito Santo* (At 1,14; 2,1-4).

– **Música:** Eis-me aqui, Senhor... p. 62.

22º Dia
Jesus garante a Fé – Os Apóstolos, Exemplos de Fé

– **Mensagem:** *"Tende fé em Deus, tende fé em Mim"* (Jo 14,1).

"Não se perturbe vosso coração" (Jo 14,1).

"Ninguém vai ao Pai se não por mim" (Jo 14,6).

Nós somos amados pelo Pai, pelo Filho e pelo Espírito Santo. *"No amor não há temor"* (1Jo 4,18). *"Nós amamos porque ele nos amou primeiro."* *"Quem ama a Deus ame também seu irmão"* (1Jo 4,21).

Nós acreditamos no Deus que é Pai, Filho e Espírito Santo. Nós acreditamos em Pessoas, e, quando falamos com Deus, falamos com Pessoas: ou eu falo com o Pai, ou com o Filho, ou com o Espírito Santo. Essa é nossa fé.

(Podemos cantar)
Creio, Senhor, mas aumentai minha fé. Meditemos...

– **Catequese: Exemplos de fé, os Apóstolos:**

"Deixaram tudo para seguir o Mestre" (Mc 10,28).

Acreditaram nas palavras com que Ele anunciava o Reino de Deus, presente e realizado em sua Pessoa (Lc 11,20).

Viveram em *comunhão de vida com Jesus*, que os instruía com sua doutrina, deixando-lhes uma nova regra de vida pela qual haveriam de ser reconhecidos como seus discípulos depois da morte d'Ele (Jo 13,34-35). *"Sereis minhas testemunhas"* (At 2,32).

– **Música:** Tu és, Senhor, o meu Pastor... p. 63.

23º Dia
Jesus Consumador da Fé – Os Apóstolos, Exemplos de Fé

– **Mensagem:** *"Jesus é o autor (começo) e o 'Consumador' (Finalizador) de nossa fé"* (Hb 12,2).

"Quem é o vencedor do mundo, senão aquele que crê que Jesus é o Filho de Deus?"
(1Jo 5,5)

"Mas a todos os que o receberam deu-lhes o poder de se tornarem Filhos de Deus: aos que creem em seu nome" (Jo 1,12).

Foi só em Cristo que os santos do Antigo Testamento chegaram à perfeita união com Deus. Lembremos das Palavras de Simeão no templo (Lc 2,26) e do próprio Jesus sobre João
Batista, "o maior dos nascidos de mulher" (Lc 7,23). Nós Cristãos não temos mais dúvida: "Jesus é o Senhor" (Fl 2,11). "Quem tem o Filho, tem a vida; quem não tem o Filho, não tem a vida" (1Jo 5,12).

Não devemos esperar outro. Jesus é o mesmo hoje, ontem e sempre (Hb 13,8).

(Podemos cantar)
Creio, Senhor, mas aumentai minha fé. Meditemos...

– **Catequese: Exemplos de fé: Os Apóstolos:**

Pela fé, foram pelo mundo inteiro, obedecendo ao mandato de levar o Evangelho a toda a criatura (Mc 16,15) e, sem temor algum, anunciaram a todos a alegria da ressurreição de que foram fiéis testemunhas (At 5,32).

Que Exemplos bonitos (At 3 a 25). Nossa comunidade se parece com a deles?

– **Música:** Eu confio em Nosso Senhor... p. 62.

EPIDEMIA DA SOLIDÃO e CRESCIMENTO DA DEPRESSÃO!

Nesta época de tanta comunicação e "todo mundo com celular na mão, até o vovô (ó)"; no tempo do "5G" e a "IA"(Inteligência Automática), – em que não pode faltar a "ética"–, mais do que nunca precisamos aprender a nos comunicarmos. A técnica não supera "**nossa solidão**". Os aparelhos ajudam-nos demais, mas não podem substituir a "comunicação do carinho, do olho no olho", do verdadeiro "diálogo", que constrói a "união e o amar e o ser amado".

Na "Universidade de Oxford", Inglaterra, foi feita uma pesquisa sobre a *Amizade e as Redes Sociais*, e temos os seguintes resultados:
De 150 conexões sociais:
– 5 são amigos íntimos – 10 são amigos próximos – 35 são próximos e 100 são só conhecidos.

Só nas relações primárias há comunicação de **sentimentos e de amizade**. Estamos na época **de profunda depressão e imensa solidão**, em que o "**Setembro amarelo**" perturba nossos adolescentes e jovens. O que falta?
– **O Amor-doação**, que valoriza cada pessoa, e a **Fé** que nos levanta para um horizonte de confiança e Esperança comunitária. "Só o amor constrói!"

24º Dia
Anúncio da Palavra – Onde está a força deles?

– **Mensagem:** *"Ide, pois, fazer discípulos entre todas as nações e batizai-os em nome do Pai, do Filho e do Espírito Santo. Ensinai-lhes a observar tudo o que vos tenho ordenado"* (Mt 28,19).

– A fé vem da **"Pregação da Palavra de Deus"** (Rm 10, 17).

"Ai de mim se não evangelizar" (1Cor 9,16).

Urgência da Missão. A Igreja dos primeiros anos é modelo para nossa evangelização de hoje. O Cristão que não evangeliza, não é cristão. Todos devemos ser missionários: nas famílias, nas Comunidades ou no estrangeiro.

A Igreja é missionária quando ama, serve e dá a vida. A conversão missionária é urgente para os leigos, os padres e todos; esse foi o grande pedido do Documento de Aparecida. Foi aqui que o papa Francisco se baseou para a "Evangelii Gaudium". (Alegria de Evangelizar).

(Podemos cantar)
Creio, Senhor, mas aumentai minha fé. Meditemos...

– **Catequese: Exemplos de fé: Os Discípulos:**

Formaram a primeira comunidade reunida em torno do **ensino dos Apóstolos, na oração, na celebração da Eucaristia.**

Eles colocavam em comum aquilo que possuíam para acudir as necessidades dos irmãos (At 2,42-47). Que exemplo bonito. Nossa comunidade se parece com eles?

– **Música:** Eis-me aqui, Senhor... p. 62.

25º Dia
Todos tenham Vida – Mártires de Hoje

– **Mensagem:** *"Eu vim para que todos tenham vida"* (Jo 10,10).

"Eu sou a **Ressurreição e a Vida...** *ainda que morra, viverá. E que vive e* **crê em mim**, *jamais morrerá"* (Jo 11,25.26).

A salvação é dom de Deus e compromisso de todos nós. E a humanidade custa a descobrir o que aflige os homens e as mulheres de hoje. Nossa sociedade está aflita e as propostas sugeridos nem têm dado os resultados buscados. Falta emprego, educação, saúde.

A ganância, os interesses econômicos pessoais, a corrupção são protegidos, acobertados e a luta do povo esquecida. Será por isso que a vida está tão difícil?

(Podemos cantar)
Creio, Senhor, mas aumentai minha fé. Meditemos...

– **Catequese: Exemplos de fé: Os mártires de hoje:**

Os martírios continuam acontecendo hoje. São muitos dando sua vida para testemunhar a verdade do Evangelho, que os transformou. Também eles se tornaram capazes de chegar até o dom maior do amor com o perdão de seus próprios perseguidores.

Não só no Brasil, mas em toda a América Latina temos muitos mártires, hoje em dia. Você (ês) conhece (em) os mártires de hoje?

– **Música:** Vós sois o Caminho... p. 61.

Pe. José Marques Dias, C.Ss.R.

26º Dia
Santo Estevão e São Paulo – Mártires de Ontem

– **Mensagem:** *"Estevão, homem cheio de fé." "Não conseguiram resistir à sabedoria..com que ele falava"* (At 6,5.10).

"Saulo, Saulo por que persegues?... **Eu sou Jesus a quem tu persegues"** (At 9,5).

"**Quem crê tem palavras de vida eterna**", disse Jesus à multidão (Jo 6,44-47).

O ato de crer, porém, pode não ser suficiente, e aquilo em que muitos creem pode não ser o Deus cristão, o Deus da Vida e do Amor, o Deus da Fraternidade e da Misericórdia.

Nós acreditamos no Deus que é Pai, (Criador), Filho (Redentor) e Espírito Santo (Santificador).

(Podemos cantar)
Creio, Senhor, mas aumentai minha fé. Meditemos...

– **Catequese: Exemplos de fé: mártires de Ontem:**

Bonito o testemunho do Diácono Santo Estevão, São Paulo e São Pedro e muitos milhões de cristãos.
Deram sua vida para testemunhar a verdade do Evangelho, que os transformou, tornando-os capazes de chegar até o dom maior do amor com o perdão de seus próprios perseguidores.

– **Música:** Se as águas do mar da vida... p. 62.

27º Dia
Pedro, pouca fé – Consagrados

— **Mensagem:** *"A Pedro Jesus diz: 'Homem de pouca fé'"* (Mt 14,31).

"Não sejas incrédulo, mas crê! Tomé respondeu: Meu Senhor e meu Deus" (Jo 20,27).

"Tomé, creste por que me viste. **Felizes os que não viram e creram"** (Jo 20,28).

Tomé, em sua incredulidade, é um homem bastante admirado por muitos, que também têm dificuldade de acreditar. Sua falta de fé é estímulo para nós sermos bem diferentes dele e sermos mais firmes em nossa profissão de fé: **"Meu Senhor e meu Deus"**. Somos felizes porque cremos em **Jesus Ressuscitado sem o ter visto**.

Desde o começo da Igreja houve homens e mulheres que quiseram seguir a Cristo mais de perto pela prática dos conselhos evangélicos: pobreza, castidade e obediência. E assim, com maior liberdade, entregar-se pela causa do Reino de Deus e dos mais pobres.

Os religiosos e consagrados são o coração da espiritualidade da Igreja e os profetas do mundo futuro.

(Podemos cantar)
Creio, Senhor, mas aumentai minha fé. Meditemos...

— **Catequese: Exemplos de fé – homens e mulheres consagrados:**

Deixando tudo para viver na simplicidade evangélica a obediência, a pobreza e a castidade, sinais concretos de quem aguarda o Senhor, que não tarda a vir.

Aos da vida consagrada ou aos religiosos diz o Papa: "Vós não tendes apenas uma história gloriosa para recordar e narrar, mas uma grande história a construir! Olhai para o futuro, para o qual vos projeta o Espírito a fim de realizar convosco ainda coisas maiores" (Vita Consecrata: n. 110).

Pela fé, muitos cristãos se fizeram promotores de uma ação em prol da justiça, para tornar palpável a palavra do Senhor, que veio anunciar a libertação da opressão e um ano de graça para todos (Lc 4,18-19).

– **Música:** Eu confio em Nosso Senhor... p. 62.

28º Dia
Mulher de Fé – Todos os Tempos

– **Mensagem:** À *mulher Cananeia Jesus diz "Mulher, grande é tua fé"* (Mt 15,28).

À Pecadora, Jesus diz "**Tua fé te salvou**" (Lc 7,50).

"**Maria Madalena** *foi anunciar aos discípulos: Eu vi o Senhor (Ressuscitado) e contou o que lhe tinha dito*" (Jo 20,18).

Na Palavra, as mulheres são corajosas; são fortes na fé e aquelas a quem Jesus quis aparecer em primeiro lugar; não só porque são as maiores divulgadoras, mas também as mais audazes.

Só, agora, depois de tanta luta e mortes, as mulheres estão alcançando seu verdadeiro lugar na Igreja.

(Podemos cantar)
Creio, Senhor, mas aumentai minha fé. Meditemos...

– **Catequese: Exemplos de fé: nos séculos, homens e mulheres de todas as idades:**

São muitíssimos "**cujo nome está escrito no Livro da vida (Ap 7,9; 13,8),** confessaram a beleza de seguir o Senhor Jesus nos lugares onde eram chamados a dar testemunho de seu ser cristão: na família, na profissão, na vida pública, no exercício dos carismas e ministérios a que foram chamados.

O céu está cheio de tanta gente que nós nem esperávamos ver lá! A missão de Jesus é salvar a todos.

– **Música:** Um dia uma criança me parou... p. 61.

29º Dia
Perseverar – Hoje também Nós

– **Mensagem:** *"Quem tem a fé, tem a vida eterna"* (1Jo 5,4).

"Resisti ao mal, **firmes na fé"** (1Pd 5,9).

"Empunhando sempre **o escudo da fé"** (Ef 6,16).

"Quem perseverar até o fim será salvo" (Mc 13,13).

Ora a fé é um dom que o Pai dá. Segurando na mão de Jesus, nós temos que prosseguir nosso caminho cheio de alegria e firmes na fé.

No combate conta o mal devemos vestir o **escudo da fé**, como em Efésios (6,16).

(Podemos cantar)
Creio, Senhor, mas aumentai minha fé. Meditemos...

– **Catequese: Exemplos de fé: Hoje, também nós:**

Pela fé reconhecemos o Senhor Jesus vivo e presente em nossa vida e história.

Cada vez que fortaleço minha fé e dou meu testemunho, Jesus se faz presente em nós.

Sua Palavra ilumina nossa vida e fortalece nossa fé. Não tenhamos medo. Não deixemos que a dúvida permaneça em nosso coração. Creio que Deus me ama e morreu para me salvar.

É sempre bom pensar na **felicidade do céu**, quando estaremos mergulhados na Trindade, na alegria e na felicidade. Santo Tomás de Aquino lembra-nos de uma verdade muito simples. Diz que nossa felicidade não vai consistir apenas na **visão de Deus e nossa união com ele**.

De nossa felicidade eterna fará parte também a alegre companhia de **todos os santos** e, de um modo especial, o reencontro com todos aqueles **que aqui amamos e nos amaram tanto.** Agora o amor fraterno e o amor conjugal são apenas uma experiência inicial. O amor, que faz nossa felicidade aqui, não será anulado e esquecido, mas será levado à plenitude.

– **Música:** Se as águas do mar da vida... p. 62.

30º Dia
A Fé é Jesus – Coragem de papa Francisco

– **Mensagem:** *"Por ora subsistem a fé, a esperança e a caridade – as três. Porém, a maior delas é a caridade"* (1Cor 13,13).

"Que Cristo habite pela fé em vossos corações e, assim, enraizados e consolidados no amor... e conhecer o amor de Cristo, que excede todo o conhecimento" (Ef 3,17ss).

Ninguém nos amou e ama como Jesus. Seu nascimento na simplicidade do presépio de Belém; sua humilde vida na simplicidade de Nazaré; obediente até a morte e morte de Cruz, Sua palavra de amor e de perdão sobre tudo para os mais simples e aflitos; fez com que Atos dos Apóstolos resumisse a vida de Jesus em uma palavra: **"passou a vida fazendo o bem"** (At 10,38).

Agora Ressuscitado está vivo e é a razão de nossa Fé e nossa Esperança.

(Podemos cantar)
Creio, Senhor, mas aumentai minha fé. Meditemos...

– **Catequese: Exemplos de fé: Papa Francisco:**

O papa Francisco tem realizado, por meio de seu testemunho de vida, a volta à simplicidade na Igreja. Ele é testemunha de uma visão da Igreja extraordinariamente nova e, ao mesmo tempo, fiel à mensagem do Evangelho, uma Igreja pobre entre os pobres. A Igreja precisa ser **menos instituição e ser mais comunhão, comunidade, expressão viva do Amor de Deus.**

Quer uma **Igreja em saída às periferias,** que ressalta a acolhida, a misericórdia, o perdão, a pluralidade e a igualdade diferente. Que a Igreja seja o Reino de Deus na terra, aberta a todos os homens e as mulheres que têm como referência Jesus de Nazaré, em que imperem os valores evangélicos das bem-aventuranças.

Valorizamos muito positivamente as encíclicas **Evangelii Gaudium** e **Laudato Si**, que ressaltam a *primazia da consciência* como único caminho do homem para a verdade e a *defesa do cuidado da Casa-Comum.*

Atualmente, papa Francisco quer propor um novo *modelo econômico*, que valorize a pessoa, já que o atual é injusto em sua raiz, gerando uma grande exclusão. Quer a valorização da Família e apoio aos casais de segunda união. Surge uma nova esperança e alegria.

– **Música:** Tu és Senhor o meu Pastor... p. 63.

31º Dia
Guardar a Fé – Nossas Famílias

– **Mensagem:** *"Completei a carreira, guardei a fé"* (2Tm 4,7), confirma S. Paulo.

"Desde já me está reservada a coroa da Justiça (Salvação) que me dará o Senhor... **não só a mim, mas a todos** *os que tiverem esperado com amor sua Aparição"* (2Tm 4,8).

"Quem perseverar até o fim será salvo" (Mc 13,13).

Cumprir bem nossa missão e permanecer fiel até o fim, para termos a salvação. A perseverança é sinal de um amor forte e fiel, que garante o prêmio prometido. Maria também é a Mãe da Perseverança.

(Podemos cantar)
Creio, Senhor, mas aumentai minha fé. Meditemos...

– **Catequese: Exemplos de fé: Nossas Famílias:**

Eu vejo minha família como uma grande bênção de Deus. Foi e será. Tive problemas de saúde quando criança. Meu pai era o primeiro porque tocava o sino e abria a igreja. Eu e meu irmão maior, coroinhas. Rezávamos em casa e na comunidade.

Em uma missão redentorista em meu lugar, começou minha caminhada vocacional missionária. Tudo é dom e graça. Deus que escolhe. Corresponder, fruto de oração e colaboração.

Minha família sempre me apoiou e incentivou. Somos uma família simples e lutadora. Confiamos em Deus, participamos e fazemos nossa parte. Deus nunca nos faltou. Muita gente esteve a nosso lado e nos ajudou. Uns já se foram e os outros vamos indo. Dando-nos as mãos, Jesus caminha conosco e Maria é nossa proteção. Somos felizes. E sua família como vai?

– **Música:** Eu confio em Nosso Senhor... p. 62.

Depois destes ***Encontros com Cristo***, posso dizer que minha ***fé cresceu e tenho mais garra para seguir Jesus?*** Esse foi meu intuito; parabéns a todos.

Faça com que outros também conheçam o livro e possam fazer a mesma caminhada.

ANEXOS

I. Projeto (Plano) de Vida Cristã

II. Espiritualidade Redentorista (Resumo)

Não gostaria de encerrar nossa reflexão sobre os temas da Fé sem anexar também estes dois modelos de Projetos, que poderão ajudar muito em sua vida. O primeiro fala mais em âmbito pessoal e familiar e o outro mais em âmbito de Espiritualidade Redentorista.

I. PROJETO DE VIDA CRISTÁ

– **Qual sua idade?** Independentemente disso, você é um presente de Deus. Deus o ama (cf. 1Jo 3,1). Goste de você! Prefira colaborar!

– **Viva bem hoje.** O ontem é de Deus; se precisar peça perdão e fique em paz. O futuro a Deus pertence; faça sua parte, hoje (cf. Mt 6,33-34).

– Sem Deus não damos conta. A **melhor hora de rezar** é pela manhã. Leia o Evangelho do dia e coloque em Deus as lutas do dia. **A comunhão** é "alimento e remédio" para ter a força de Jesus.

– **Lutar é preciso.** Trabalhar também. Estudar é condição. Prepare, hoje, seu futuro.

– A Vida está difícil, mas não impossível. **O Perdão é necessário cada dia.** Caminhe com Deus.

– **Saiba descansar.** Recupere sua saúde e autoestima. Leia bons livros. Melhore sua cultura.

– A vida comunitária tem seus problemas. Jesus preparou seus discípulos. **A Comunidade é o caminho melhor para ajudar e colaborar.** Faça sua parte.

– **A vida de família** está na base de tudo, na esfera dos afetos e das emoções.

– Palavras a usar mais em família: ***Por favor, Obrigado, Perdoe-me*** (Papa Francisco).

– **Cuidado, atrapalhos da vida!**: *Desemprego – Mau uso dos Meios de Comunicação social – Depressão – Fofocas.*
– "Se o futuro a Deus pertence", tenha certeza de uma vida melhor. Medite também esta Mensagem:

"Encontro Marcado", o CÉU!

"É sempre bom pensar na felicidade do céu, quando estaremos mergulhados na Trindade, na alegria e na felicidade. Santo Tomás de Aquino lembra-nos de uma verdade muito simples. Diz que nossa felicidade não vai consistir apenas na *visão de Deus e nossa união com ele*.

De nossa felicidade eterna fará parte também a alegre companhia de *todos os santos* e, de um modo especial, o reencontro com todos aqueles *que aqui amamos e nos amaram tanto*. O amor, que faz nossa felicidade aqui, não será anulado e esquecido, mas será levado à plenitude. Agora o amor fraterno e o amor conjugal são apenas uma experiência inicial.

A experiência completa, o amor, que sempre quisemos dar e receber, será parte da felicidade, do banquete de núpcias para o qual Deus nos convida. Sejamos felizes agora, para não faltar ao Encontro Marcado." (Pe. Flávio Cavalca, Revista de Aparecida, novembro, 2019, p. 42).

II. ESPIRITUALIDADE REDENTORISTA (Resumo)
(Especial para redentoristas, seminaristas e outros)

O seguimento de Cristo experimentado pelos Missionários Redentoristas fundamenta-se no *Mistério da Redenção*, central em toda a fé cristã.

Só quem é redimido, pode redimir; por isso, também nós, Redentoristas, temos de dizer: *"Senhor, aumentai a minha Fé"*.

– Deus Pai criou a humanidade para estabelecer com ela uma Aliança de amor. *"Vós sereis meu Povo e eu serei vosso Deus."*

– Mas a humanidade, pelo orgulho de querer ser *"igual a Deus"* ou pelo desejo de ser *"dona do bem e do mal"*, tem tido muita dificuldade em ser fiel a essa Aliança de amor celebrada com Moisés no Sinai, renovada com Josué na entrada da terra prometida e renovada pelos Profetas nos momentos solenes, quando da volta do desterro.

– Resumidamente, diríamos que, no AT, o Salmo 129,7, tratando da "**Copiosa apud eum redemptio**" (*Junto dele a redenção é abundante*), renova, para toda a humanidade, a vontade salvadora de Deus que é abundante *e sem limites*.

– Jesus Salvador, como um novo "Goel" (*parente que substitui*), vai realizar e renovar os corações de todos e recolocar o Povo de Deus em nova caminhada.

Santo Afonso, apesar dos tempos difíceis que viveu, soube colocar a Teologia e a Espiritualidade na dimensão da *misericórdia e da vontade salvífica* do "**Amor Redentor de Cristo**". Em sua Espiritualidade, Santo Afonso assinala quatro dimensões: **a Encarnação, a Paixão e morte, a Eucaristia e Maria.**

1. **Encarnação:** Jesus quando nasce em Belém, e se encarna no meio dos homens, assume a atitude de "Kénosis" (rebaixamento) em Fl 2,6-11, mas para Santo Afonso só *"um Grande Amor"* podia ter feito tal acontecimento. Deveríamos chamado o Natal de *"dia do Fogo"*, tal foi o fogo do amor que Jesus veio nos trazer ao nascer no meio de nós, para se espalhar em toda a humanidade. A alegria do Natal é o prenúncio do Mistério da Redenção para toda a humanidade.

2. **Paixão e morte:** No mistério sublime da Cruz, Santo Afonso ressalta que aqui vemos o amor de Jesus revelando seu "**extremo**

amor"; pois no "tendo amado os seus que estavam no mundo, amou-os até o fim" (Jo 3). Tomando, como pano de fundo, a teologia de Isaías do *"Servo Sofredor"* (Is 42, 49, 50 e 52), Jesus é o *"Bom Pastor"*, que veio dar a vida por suas ovelhas (Jo 10,10), como "Novo Goel", à semelhança do grão de trigo, que morre para dar uma *"Nova Vida"*. Por isso a Ressurreição de Cristo é a revelação do amor que, se doado, gera "**Nova Vida.**"

3. **Eucaristia:** No mistério da Eucaristia, Santo Afonso ensina que aqui temos a revelação de um "**louco amor**", pois Jesus mandou: *"Fazei isto em memória de mim"* (1Cor 11,24). Há aqui um mandamento e um sacramento. Jesus inventou esse modo divino para estar sempre, dia e noite, perto de nós, *alimentando-nos* no difícil caminho da vida e *curando* nossas feridas, vivo, ressuscitado e presente no meio de nós, no Santíssimo Sacramento do Altar. Adoração, gratidão e compromisso é o sentido da Eucaristia celebrada pela comunidade. Aqui se realiza o *"Eu estarei convosco todos os dias até ao fim dos tempos"* (Mt 28,20).

Por isso Santo Afonso insistia nas *"Visitas ao Santíssimo Sacramento"*, para renovar esse amor e gratidão. Seu livro motiva nossas adorações de gratidão e de conforto (compromisso).

4. **Maria:** É a Mãe de Jesus e Nossa. No "sim" de Maria, temos a humilde serva do Senhor. Assim também, atenta às necessidade dos outros, vai ajudar a prima Isabel e os noivos em Caná da Galileia. Como discípula de Jesus é a mãe de misericórdia, cantada nas "Glórias de Maria" e sempre atenta às nossas súplicas.

Depois do Vaticano II, com a renovação das Constituições, os redentoristas perceberam que sua missão é ser *Missionários "da copiosa redenção em um mundo ferido e aos mais pobres."*

– Somos Missionários *da misericórdia divina*, simples, alegres e do povo.
– Gostamos de trabalhar em comunidade e pela comunidade.
– No n. 20 de nossas constituições assim está descrito: *"Fortes na fé, alegres na esperança, fervorosos na caridade, inflados no zelo, humildes e sempre dados à oração".*

Os redentoristas têm, também, a virtude da Fé para ser meditada e vivida no 1º mês, em janeiro, pois nossa vida é fruto da fé no Deus que *chama e ama*. E se só quem é redimido pode redimir; por isso também nós temos de dizer: *"Senhor, aumentai a minha Fé"*.

CREDO do MISSIONÁRIO REDENTORISTA

– Creio que Deus de tal modo me amou que deu seu Filho único, como meu Redentor!

– Creio que Jesus me amou e se entregou totalmente por mim, a tal ponto que se aniquilou a si mesmo, tornando-se semelhante a mim em tudo, exceto no pecado.

– Por meu amor se fez criança em um presépio.

– Por meu amor ofereceu-se até à morte na cruz.

– Por tudo isso, creio que a Redenção é abundante para mim e para todas as pessoas.

– Creio que somente amando Jesus Cristo, acima de tudo, e amando cada pessoa como Jesus amou, serei uma "Memória Viva" de sua presença encarnada no mundo.

– Creio que Ele me ungiu para continuar sua Missão anunciando uma Boa Notícia aos pobres.

– Creio que Maria é a mãe da Esperança e nos ajudará a dar uma resposta de amor a tão imenso amor. Amém.

Faça com que outros também conheçam o livro e possam fazer a mesma caminhada. Deus abençoe a todos.

PRECES DA FÉ:

1- ***Dá-nos uma fé centrada no essencial.*** Faz-nos viver uma relação mais vital com Jesus, sabendo que ele é nosso Mestre e Senhor. Jesus é o primeiro, o melhor e o mais valioso presente que temos na Igreja. Ensina-nos a viver, nestes tempos, uma fé mais viva na sua presença em nosso coração e em nossas comunidades cristãs.

Rezamos ou Cantamos "Creio, Senhor, mas aumenta minha fé!"

2-Ensina-nos a viver convertendo-nos a uma vida mais evangélica, sendo como o ***sal e o fermento.*** Desperta entre nós a ***fé das testemunhas e dos profetas.*** Ajuda-nos a viver humildemente nossa ***fé com paixão por Deus e compaixão pelo ser humano.***

Rezamos ou Cantamos "Creio, Senhor, mas aumenta minha fé!"

3-Não nos deixes cair ***em um cristianismo sem cruz.*** Ensina-nos a descobrir que a fé não consiste em acreditar no Deus que nos convém, mas naquele que fortalece nossa responsabilidade e desenvolve nossa capacidade de amar. Ensina-nos a seguir-te tomando nossa cruz cada dia.

Rezamos ou Cantamos "Creio, Senhor, mas aumenta minha fé!"

Que te experimentemos ressuscitado no meio de nós, renovando nossa vida e animando nossas comunidades. ***Ficai conosco, Senhor.*** **Pai Nosso.** Amém.

Obrigado Pe J. Marques

ÍNDICE

Apresentação de Dom Orlando Brandes 3
Apresentação do Pe. Marlos Aurélio, C.Ss.R. 4
Abertura do autor 5
Celebração para todos os dias 9

I. Novena: Fé e Bem-aventuranças 13
  1. Vitória da Fé – "Pobres em espírito" 13
  2. Ir ao Pai – Aflitos consolados 14
  3. O Justo vive da fé – Os Mansos 15
  4. Bom Pastor – Fome e sede de Justiça 16
  5. Fé e as Obras – Os Misericordiosos 18
  6. Fé e Luz – Puros de coração 19
  7. Fortalecer a fé – Promover a Paz 20
  8. Jesus Ressuscitou – Perseguição 22
  9. Nossa Ressurreição – Falar Mal e Mentiras 24

II. Novena: Fé e Novos Mandamentos 25
  10. Aumentar a fé – Deus é Único 25
  11. Eucaristia, centro – Deus é de todos 26
  12. Fé é Presente – Deus está perto 27
  13. Abrão, Pai da Fé – A Comunidade 28
  14. Encarnação de Jesus – Vida é dom 29
  15. Jesus veio Salvar – Amor é respeito 30
  16. Maria é feliz, Acreditou – Deus é doador 31
  17. Filhos e Herdeiros – Ser Verdadeiro 32
  18. Uma só Fé – O Reino está próximo 33

III. Novena: Fé e Exemplos de fé 34
  19. Viva a Fé – Confie 34
  20. A Fé agrada a Deus – Maria é Exemplo de fé 36
  21. Fé, possuir o que se espera – Maria, Exemplo de fé 38
  22. Jesus garante a Fé – Os Apóstolos, Exemplos de Fé 39

23. Jesus Consumador da Fé – Os Apóstolos, Exemplos de Fé 40
24. Anúncio da Palavra – Onde está a força deles? 42
25. Todos tenham Vida – Mártires de Hoje 43
26. Santo Estevão e São Paulo – Mártires de Ontem 44
27. Pedro, pouca fé – Consagrados 45
28. Mulher de Fé – Todos os Tempos...................................47
29. Perseverar – Hoje também Nós......................................48
30. A Fé é Jesus – Coragem de Papa Francisco.......................50
31. Guardar a Fé – Nossas Famílias......................................52

ANEXOS...54
  I. Projeto (Plano) de Vida Cristã....................................54
  II. Espiritualidade Redentorista (Resumo) 56

CÂNTICOS

1. A melhor oração é amar
Você só precisa saber que a melhor oração é amar
1.1. Creio Senhor, mas aumentai minha fé. *(Gelinau)*

2. Um dia, uma criança me parou
(Pe. Zezinho, SCJ – Paulinas Comep)
1. Um dia, uma criança me parou. Olhou-me nos meus olhos a sorrir. Caneta e papel em sua mão, tarefa escolar para cumprir. E perguntou, no meio de um sorriso: O que é preciso para ser feliz?
Amar como Jesus amou, sonhar como Jesus sonhou, viver como Jesus viveu, sentir o que Jesus sentia, sorrir como Jesus sorria. E, ao chegar ao fim do dia, Eu sei que eu dormiria muito mais feliz; / E, ao chegar ao fim do dia, Eu sei que eu dormiria muito mais feliz.
2. Ouvindo o que eu falei, ela me olhou e disse que era lindo o que eu falei. Pediu que eu repetisse, por favor, que não falasse tudo de uma vez. E perguntou de novo, num sorriso, O que é preciso para ser feliz?
3. Depois que eu terminei de repetir, seus olhos não saíam do papel. Toquei no seu rostinho e, a sorrir, pedi que, ao transmitir, fosse fiel, e ela deu-me um beijo demorado. E, ao meu lado, foi dizendo assim:

3. Vós sois o Caminho
(Pe. Vigine)
Vós sois o caminho, a Verdade e a Vida, o Pão da alegria descido do céu.
1. Nós somos caminheiros que marcham para o céus. Jesus é o caminho que nos conduz a Deus.
2. Da noite da mentira, das trevas para a luz, busquemos a verdade, verdade é só Jesus.
3. Pecar é não ter vida, pecar é não ter luz; tem vida só quem segue os passos de Jesus.
4. Jesus, Verdade e Vida, Caminho que conduz as almas peregrinas que marcham para a luz.

4. Eu confio em Nosso Senhor
(Jorge Pinheiro – Paulinas Comep)
Eu confio em Nosso Senhor/ com fé, esperança e amor. (2x)
1. A meu Deus fiel sempre serei, eu confio em Nosso Senhor. Seu preceito oh! Sim cumprirei/ com fé, esperança e amor.
2. Venha embora qualquer tentação, / eu confio em Nosso Senhor. Mostrarei que sou sempre cristão/ com fé, esperança e amor.
3. E depois de uma vida com Deus, / eu confio em Nosso Senhor. Eu espero partir para os céus/ com fé, esperança e amor.

5. Segura na Mão de Deus
(N N – Ass. Sr. Jesus)
1. Se as águas do mar da vida quiserem te afogar, segura na mão de Deus e vai. Se as tristezas desta vida quiserem te sufocar, segura na mão de Deus e vai.
Segura na mão de Deus, segura na mão de Deus, pois ela, ela te sustentará. Não temas, segue adiante, e não olhes para trás: segura na mão de Deus e vai.
2. Se a jornada é pesada e te cansas da caminhada, segura na mão de Deus e vai; orando, jejuando, confiando e confessando, segura na mão de Deus e vai.
3. O Espírito do Senhor sempre te revestirá, segura na mão de Deus e vai. Jesus Cristo prometeu que jamais te deixará: segura na mão de Deus e vai.
4. A Virgem Mãe do Senhor sempre te acompanhará. Segura na mão de Deus e vai.
Os caminhos de Maria com amor percorrerás. Segura na mão de Deus e vai.

6. Eis me aqui, Senhor!
(L: Pe Pedro Brito Guimarães/ M: Frei Fabreti – Paulinas Comep)
Eis-me aqui, Senhor! Eis-me aqui, Senhor! Pra fazer tua vontade, pra viver do teu amor, pra fazer tua vontade, pra viver do teu amor: eis-me aqui, Senhor!
1. O Senhor é o pastor que me conduz, por caminhos nunca vistos me enviou; sou chamado a ser fermento, sal e luz, e, por isso, respondi: **aqui estou!**
2. Ele pôs em minha boca uma canção, me ungiu como profeta e trovador da história e da vida de meu povo, e por isso respondi: **aqui estou!**

3. Ponho a minha confiança no Senhor, da esperança sou chamado a ser sinal; seu ouvido se inclinou ao meu clamor, e por isso respondi: **aqui estou!**

7. Pelos prados e campinas
(Frei Fabreti – Paulinas Comep)
1. Pelos prados e Campinas verdejantes eu vou! É o Senhor que me leva a descansar. Junto às fontes de águas puras, repousantes, eu vou! /Minhas forças o Senhor vai animar!
Tu és, Senhor, o meu Pastor! Por isso nada em minha vida faltará!
2. Nos caminhos mais seguros, junto dele, eu vou! E pra sempre o seu nome eu honrarei. Se eu encontro mil abismos nos caminhos, eu vou! Segurança sempre tenho em suas mãos!
3. No banquete em sua casa, muito alegre, eu vou! Um lugar em sua mesa me preparou! Ele unge minha fronte e me faz ser feliz, e transborda em minha taça o seu amor.
4. Bem à frente do inimigo, confiante eu vou! Tenho sempre o Senhor junto de mim. Seu cajado me protege e eu jamais temerei. Sempre junto do Senhor eu estarei.
5. C'o alegria e esperança caminhando eu vou! Minha vida está sempre em suas mãos. E na casa do Senhor eu irei habitar. Este canto para sempre irei cantar!

8. O Espírito Santo está sobre mim
(Pe. Pelaquin)
1. O Espírito Santo está sobre mim, porque Ele me ungiu. Porque Ele enviou-me para anunciar o seu Reino de amor. O Senhor enviou--me pra levar a todos o seu Evangelho. Boa Nova da graça, da paz, do perdão e da libertação. Assim espero, que seja copiosa, que seja abundante a graça divina da Redenção.
2. O Espírito Santo mandou-me dizer, sobretudo aos pobres, que são eles bem-vindos na casa do Pai, no seu Reino de amor. O Senhor me pediu que dissesse aos cegos que eles verão e que os presos se alegrem, que veio pra eles a libertação.
3. O Espírito Santo mandou-me falar aos que pedem perdão que serão atendidos, serão perdoados no Reino de Amor. O Senhor me pediu que contasse ao mundo que o tempo chegou. O tempo da bênção, o ano da graça, da libertação.